國際交流

1983-2013　靈鷲山教育院/彙編
# 靈鷲山30週年山誌
Ling Jiou Mountain 30th Anniversary Edition

# 序

　　全球化的巨輪不斷地向前滾動，古往今來的歲月流轉輝映出不同的時代面貌。初上靈鷲山至今，已經是三十年的光陰了。

　　回首三十年來的歲月，靈鷲山能夠從無到有，自微而壯，以禪立宗，以心傳心，弘揚佛陀無上微妙法義於當代娑婆，賡續祖師珠璣法教宗風於四眾學子，並承繼太虛大師和虛雲法師的禪行志業。都要感謝諸佛菩薩的慈悲加被，以及所有善信大德的護持擁戴。在大家的共同發心努力下，方能譜下一段段用汗水辛勤播種、用正念面對橫逆、用願力成就一切的靈鷲山故事。

　　早年我因為閉關往返於宜蘭臺北之間，看到東北角的地理氣場，我感到這裡似乎有一大緣起的道場，後來因緣際會踏上這一片土地，讓我可以度過危險的斷食關，雖然眼前是一片荒蕪叢林，但靈氣十足，度眾的緣起也打開了。秉持著修行人對諸佛菩薩的使命傳承，以及對眾生關懷護念而來的無盡願力，讓我和十方善信弟子，毅然在此開墾生根。大家從零開始，齊心協力，披荊斬棘，一步步地把這一片杳無人跡的荒山，打造成佛子往來不絕的人間佛土。從祖師殿到華藏海，一石一瓦寫下靈鷲人共同的記憶；從多羅觀音到毗盧觀音的交流，串聯靈鷲山與南海觀音道場的一脈相承；而從靈鷲山總本山禪堂到全球禪修中心的延伸，更是勾勒華嚴聖山計畫的藍圖座標。

　　我是一個觀音法門的行者，這三十年來的修行弘法，願力就是關鍵，這份願力源自於禪的體悟，也得以舒展因緣而呈現出華嚴的志業，總攝是觀音的教化啟示，觀音的示現都是時代所需的啟動。禪修，讓我透澈無常生滅背後的生命實相，並體悟到生命之間彼此是一個相互關聯的共同體。成立道場以來，我們以「慈悲與禪」作為宗風，引導大眾從心的修持觀照中轉化出關懷濟世的菩提願心，並以此利生度化，終而成就共生圓融，多元和諧的華嚴淨土，這是行願貫徹的自然展現。

　　從一個人的體悟逐漸善緣具足,籌組護法會、成立各基金會,推動禪修、法會、朝聖、生命關懷來連結大眾的生活實踐。隨著開山的緣起流轉,創辦世界宗教博物館是一個重要里程碑,宗博宣揚「尊重、包容、博愛」理念,因應時代的挑戰與衝擊,促進國際間宗教對話與交流合作,共築「愛與和平,地球一家」的願景,這樣的特殊志業帶動了社會的生命教育,也把禪修內修的身心鍛鍊變成人人可以當下修行的「平安禪」,更進而擴大為「寧靜運動」,為五濁世間灌入禪修清靜祥和能量。這些循環連結點點滴滴的美好記憶,今後也將持續不懈地進行下去。

　　宗教修持以身教為主,教育是僧信循環的根本,僧信就是師徒教育,就是做聖凡的轉換機制,我將自己的修學歷程和禪修體證融會到佛陀的教育,歸納為僧信四期教育體系,希望從最初僧格養成的「阿含期」到最終培養住持導師的「華嚴期」,次第教導,培育更多佛門龍象從事弘法度眾的志業,從僧眾到居士幹部都歸同一核心修持。落實個人實踐「工作即修行,生活即福田」的生活禪理念,體認「生命服務生命、生命奉獻生命」的真諦,貫串到僧信循環,這樣具足生命關懷與回歸靈性的教育,就是生命和平大學的基本盤,進而還要以這樣的教育平臺來回應時代發展,培養覺醒生命的「愛與和平」種子,從心的和平延伸成整個世界的和平。

　　經過三十年的風雨陰晴,我們要更省視並確定自己的腳步,以此「立禪風、傳心燈」,把這份心的見證作為傳承法脈的基因,持續努力灌溉慈悲的遍滿,變成生命和平大學。讓我們持續串聯無數的三十年,來創造「華嚴聖山」無盡圓融。這是我的願力,也是這個時代的需要。


　　　　　　　　　　　　　靈鷲山佛教教團
　　　　　　　　　　　　　開山和尚　心道

1983-2013
# 靈鷲山30週年山誌
## 國際交流篇

# 目錄

# 壹、緒論：一個禪師的和平行腳——從「世界宗教博物館」到「愛與和平地球家」

是什麼樣的力量，能夠讓一個超然出塵、解脫自在的禪師，毅然決然地奉獻他的生命，走遍了大半個地球，只為了宣揚「愛與和平」的理念？又是怎樣的一種胸襟與氣度，能讓一個純樸自然、不善言辭的修行者，能夠在推動愛與和平理念的同時，獲得全球各領域鴻儒碩彥的推崇與讚揚，並且與許多不同信仰、不同語言、不同種族的菁英乃至一般民眾結為好友？

起因於他將自己投入對人類的大愛之中，讓他體會到生命是一個共同體，每個人都是共同體的一部分，世界上的每個人應該和睦相處、互助共榮。對立、衝突與戰爭不應該是人類社會中存在的現象。只要每個人能夠發揮尊重、包容、博愛的精神，讓自己的心能夠和平地對待自己和他人乃至於身邊山河大地各項事物，那愛與和平地球家的出現不會是遙不可及的夢想。

我們在這裡要介紹的，是一位走過戰亂、看遍生死的禪師，如何將他的修行體證，化為對全體人類的大愛，因此不斷地奔走於國際間宣揚生命共同體以及愛與和平理念的故事。而他的一己之力，也感動了許許多多的人們，進而成為追隨者，一起將愛與和平的種子無遠弗屆地灑入世界的每個角落。

尊重　Respect·包容

「我們只有一個地球，沒有了地球，再多的差異也沒有辦法展現，再美好的事物也沒有存在基礎，珍愛地球最好的方法就是人類和諧共處，沒有戰爭就沒有破壞，因此，為了我們自己以及下一代，唯有攜手努力，才能共創愛與和平地球家。」

——心道法師二○○九年七月伯明罕演講

# 貳、國際交流理念與志業載體

## 一、國際交流理念

「宗教是一個人類信仰的依託，它的使命與責任是讓全人類能夠因為信仰而過得更好，讓人們在世俗與神聖之中，能夠找到一個可以服務生命、奉獻生命、圓滿生命的角落，讓他們的生活與生命，因為宗教而有了方向與意義，讓人與人之間因為宗教而產生了聯繫，成為一個大的信仰共同體，合力來面對、解決各種發生在我們身邊的各種苦難或挫折。

我覺得在這個時代，宗教至少要有三個責任：一、要盡力關懷和消除各種人類的苦難，這可以通過慈善救助以及社會實踐的方式來達成；二、要提升人類整體的靈性和道德觀念，讓人心能夠寧靜和諧，並且充滿愛與良善，這必須通過生命教育，來進行扎根與深化；三、宗教之間相互合作共榮，讓宗教成為人類平安、地球和諧的重要推動力量，而不是衝突對立的根源。」

這一段話，是二〇一二年心道法師於印尼「回佛對談」時談到宗教的當代責任時提出來的看法，這一段話充分點出了他的國際交流背後的核心思想。對他而言，宗教的存在意義是讓人們因為有一個信仰上的依歸或連繫，而能讓人們的生命緊緊地相繫在一起，形成一個大的生命共同體，來解決彼此的苦難並增進全人類的福祉。宗教應該是促進人們生活生命福祉康樂的重要推手，而不應該是人類對立衝突的主因。

翻開歷史，數千年來因為宗教所產生的對立衝突甚至戰爭歷歷在目、不勝枚舉，誠然有許多時候衝突的產生只是假藉宗教之名來掩飾背後的本質，但無可否認的，不同宗教之間因為信仰內涵、種族、文化、地緣等各種關係而相互對立、撻伐乃至爆發流血衝突的悲劇時有所聞。即使到了當代，宗教之間的對立衝突依然是影響整體國際局勢發展一個相當重要的因素。心道法師認為，這是因為宗教之間的歷史因素所造成誤解或不信任的結果，而這可以通過對話溝通來增進彼此的交流與合作，讓宗教不再是人間悲劇的製造者，真正成為人類幸福大門的開啟者！

當代人類面臨的生活，可以說是一個最好的時代，也是最黑暗的時代，有高聳入雲、櫛比鱗次的摩天大樓傲然聳立在如紐約、東京等先進國家，也有殘屋敗瓦、難蔽風雨的破落房舍靜靜地存在如衣索比亞等戰亂不止、民生凋敝之國度；有衣食豐饒、一擲千金、笙歌處處的巨賈富豪，也有衣不蔽體、但求溫飽而不可得的貧戶難民。有些地區資源過剩的人民浪費成性，但也有些地方資源短缺，連日常必須之水源都變成是珍貴的財產。我們生活在同一個地球上，但卻有這麼多截然不同的生活型態。雖然我們皆同屬人，但生命的貧富貴賤相去何止天壤！

心道法師走過戰爭，看過生離死別，反省過生命的意義與價值，也迷惘過以暴力來作為獲取和平的手段。年歲的增長並不能停止他對這些問題的思考，年少時的記憶成為他一生志業的方向。從戰場走向墳場苦修，悟到的是自我的解脫和對生命的慈悲，在成就道場的同時，他在乎的不僅是自身的了生脫死，更是廣大人民的生命解脫。禪的修行體悟讓

他發起大菩提心和大願力，瞭解作為一個宗教修行者，並不僅僅是以自我的修行為滿足，而是更應該深入人間，以自己的能力去為廣大的民眾謀取福祉，在現實世界中便能為人們解倒懸之苦，進而創造一處極樂國土。

這是一個禪師的體悟，是一個覺者的悲願，更是一個菩薩的入世情懷。二十世紀初，高僧太虛大師提倡人生佛教（後人改稱「人間佛教」），就是要佛教行者在修行求取自身解脫的同時，也要走入人群關懷他人，讓佛法的智慧慈悲能夠顯現於當世，來幫助和解決現實世界中人們的苦難與煩惱，讓極樂淨土能在當下成就。

在與「世界回教聯盟」（Muslim World League，簡稱回盟）的座談上，心道法師把他對當代宗教的期許與落差說得相當透澈：

「每個宗教都努力追求人類的幸福，期盼透過自我宗教理念來改善社會、造福人群，在這個過程中關懷的重點是生命，然而我們卻常迷失在彼此宗教的競爭或分別上，而不是在共同的價值上合作與努力。」

心道法師認為宗教在安定社會、撫慰人心上，有其不可取代的力量，之所以會產生對立衝突，來自於彼此的誤解或迷失。因此他認為宗教之間應該打破彼此的束縛與藩籬，以對話和交流的方式來增進彼此的溝通和合作的契機。由此化解前嫌並解開歷史遺留下來的枷鎖，聯合起來共同為人類的生活生命而貢獻心力。

這種理念是他籌備世界宗教博物館的緣起，也是他所

以風塵僕僕、馬不停蹄地奔走和穿梭在各大宗教中進行對話與交流的主因，他希望由自己做起，一方面提供宗教一個相互認識、平等對話、和諧溝通的平臺，另一方面也以身作則，讓宗教界能夠在他身上看到通過對話交流進而建立信任和友誼的可供借鏡、仿效的對象，由此結合起來共同推動「愛與和平地球家」的到來。正因如此的宏大意念，開啟了他二十多年來的國際交流，並累積了他豐沛的國際聲望與人脈資源。

心道法師真摯地認為，對話、交流是化解宗教誤解、衝突並且讓宗教成為促進人類福祉的最佳方式，他在二〇一〇年拉達克「回佛對談」上的一番對話有著精闢入理的見解：

「交流、對話是我們尋求生命共同價值的方法，在交流對話中增進友誼，並且獲得彼此的信任；不信任讓人在猜忌、懷疑中武裝自己，活在對立、緊張的氣氛當中。對話就是要轉化彼此的不信任，在信任的基礎上，用愛恢復所有存在物的本性，共同綻放愛與和平地球家。」

換言之，交流對話並不是站在自己的立場要別人聽自己的話，或是放棄自己的立場而全然地接受他人，而是要通過對彼此的接觸、理解與信任，尋找在歧異背後更大的共同價值，作為雙方互動合作的基礎。而這種共同的價值，就是人類整體的生活，就是愛與和平地球家的實踐。

當然，身為一個禪師，心道法師也將他的修行體悟和實踐經驗表現在其國際交流對話上。多年來的禪修體證和弘化度世的經驗，讓他深刻地體認到當前所有問題的根源都是來自於心，而「心，是產生一切善惡的根本。」他

11

認為：「當前苦難的根源，不管是天災或是人禍，都與人心有著密不可分的關係。人心的種種負面思考，轉化成行動的結果，讓各種悲劇不斷循環發生。無論是戰爭或是環境破壞，都來自人心的貪欲與瞋恨。」人心的不安定造成了種種的問題，而這些問題也反過來影響和制約了人類行為模式和生存環境，這種不斷深化的惡性循環最終將導致人類生存的危機。因此「如何從根本之處，導正受慾望蒙蔽的心，讓所有種族、宗教、性別的人，得以在共有且唯一的地球上和諧共生，共享存在的價值和喜悅」成為他通過宗教對話交流與愛與和平背後的核心作為。亦即推動對話和和平志業是一種表象，目的是為了讓人心能夠回歸原點，達到和諧平靜，這就是心道法師所說的：「心和平，世界就和平。」

也因此，近年來，他在國際上大力推動禪修，除了在國際交流的過程中教授全球信眾弟子他自身的禪法內涵外，也將禪法修行法門化繁為簡的梳理出一般人皆能於日常生活中隨時隨地安心的「一分禪」，並推動以禪法為底蘊，讓人能夠享受心裡的和平寧靜，並延伸至人我關係，乃至人與自然和諧關係的「全球寧靜運動」，期待通過安心、靜心，能夠讓人與自己、人與他人、人與萬事萬物皆能和平自然的互動相處，在體悟到一切都是「生命共同體」的同時，從寧靜中顯現出慈悲智慧，從而共振出世界的和平。就像心道法師說的：「如果人人都能有禪的寧靜以及慈悲的願行，那這份實踐必定能夠共振出世界真正的和平。這也就是我們在全世界推動『寧靜運動』的真諦。」

　　所以，我們可以知道，心道法師國際交流的目的，從來不是為一己之私，而是心繫於全體人類的生命生活福祉。從為了籌備世界宗教博物館而開始踏上他的宗教交流旅途，到後來以世界宗教博物館和愛與和平地球家（Global Family for Love and Peace，簡稱GFLP）作為他推動宗教對話交流合作的平臺載體，背後都是來自於他對和平的渴望，更是來自於他對「愛與和平，地球一家」願景的期待。心道法師在意的不是個人的聲望榮辱，而是和平的到來。從一九九〇年到二〇一三年這二十餘年間，他的身影穿梭在世界各個角落，為推動宗教對話與宣揚愛與和平而奔走，足跡遍及歐、亞、非、美四大洲，直至今日，未曾稍懈！

# 二、志業載體──從「世界宗教博物館」到「愛與和平地球家」

心道法師以靈鷲山無生道場作為其佛行志業開展的重要依據，並且也憑藉著這一股力量來籌備世界宗教博物館，從佛行志業走向胸懷各大宗教，希冀藉由對話溝通、合作交流來達到宗教共榮共生並促進全人類福祉的目的。他的理念得到了許多國內外人士的認同與支持，讓世界宗教博物館於二○○一年十一月九日順利開館。來自世界各地三十多個國家，一百八十多位宗教領袖、代表、重量級人士蒞臨參與開館盛典，象徵心道法師國際宗教交流理念的具體落實與展現。

世界宗教博物館座落於臺灣，雖然它絕對可以承載心道法師宗教對話與愛與和平理念的推廣與實踐，但是礙於國際現實情勢的考量，若要直接走上國際舞臺，仍需有許多克服改進之處。也因此，他需要一個能夠在國際上具體舉辦活動並為國際社會認同的機構或組織，而這也是「愛與和平地球家」這一國際非政府組織誕生的緣起。如果說，「世界宗教博物館」的完成是心道法師宗教對話和和平志業理想推動的初步落實，那「愛與和平地球家」的出現則是他和平志業全球化推動的進一步開展，兩者皆是他

二○○一年十一月宗博開館

多年國際交流能量所匯聚激發出來的成果。

在二〇〇二年初，心道法師擬成立一個名為「全球宗教共榮委員會」的國際組織，作為世界宗教博物館志業的延伸。委員會最初的想法包括以下四點：

一、連結世界各地之宗教、政商、文化、藝術界人士，共同推動「尊重每一個信仰、包容每一個族群、博愛每一個生命」的理念。創造宗教間之和諧，達到共存、共榮，以促進地球家之和平與繁榮。

二、共同擬定可協助解決世界宗教衝突之具體計畫。

三、共同推動宗教聖蹟之維護行動。

四、支持世界宗教博物館，推動其理念在世界各地發展，協助檢視各宗教之展示說明令其更加完善，並協助珍貴文物的蒐集。

這四點雖然是延續著世界宗教博物館的志業，但卻未能展現心道法師推動和平志業的理念與內涵，在格局與視野上皆嫌不足。為了能充分展現心道法師「愛與和平」的理念，強調愛與和平的跨宗教、跨文化屬性，於二〇〇二年六月，世界宗教博物館發展基金會執行長了意法師在徵得心道法師同意之後，於美國紐約登記成立一個國際非營利組織，不是以「全球宗教共榮委員會」為名，而是直接命名為「愛與和平地球家」，並且於二〇〇五年正式成為聯合國非政府組織（NGO）之一。

「愛與和平地球家」（GFLP）的命名緣起，來自心道

法師的一段話：

「如果能夠覺知自我與他者，在靈性上都是生命共同體，就能積極主動的推動靈性道德，讓純善的天使與慈悲救苦的觀音充滿全球的社會，讓我們共同擁有一個『愛與和平地球家』。」

作為一個非政府、非營利的國際事業組織，GFLP體現了心道法師的一貫理念：尊重、包容、博愛，致力於推動人類身心靈的發展，建立一跨國互動網路，連結全球的宗教、政治、企業及其他各界領袖，共同促進宗教間的相互瞭解、合作，並為世界和平而努力。

GFLP以「愛地球」作為合作的共識，以「世界和平」作為終極努力方向。心道法師希望能通過GFLP的種種作為，來達到他所企盼的充滿愛與和平的世界，亦即一個真正的「愛與和平地球家」的到來。也因此，GFLP以下列七大志業作為它的工作宗旨：

一、推動宗教交流與對談。

二、人道救援及聖蹟保護。

三、建立國際禪修中心。

四、推動全球寧靜運動。

五、持續深化緬甸計畫。

六、落實世界宗教博物館分館計畫。

七、籌辦生命和平大學。

　　這些志業從二○○二年GFLP成立以來，便始終如實地奉行和實踐，也累積了相當豐碩和傲人的成果。可以說，心道法師長期在國際交流中所累積的豐沛的資源直接或間接地挹注到他所創辦的「GFLP」、「世界宗教博物館」、「靈鷲山佛教教團」這三個團體上面，而這三個團體也在心道法師從事國際交流和推動和平志業時發揮了相當重要的協助力量，形成密不可分的「三位（三個團體）一體（心道法師）」的合作互助關係。

# 參、國際交流的成果與意義

一九九〇年代初期，心道法師開始了他長達二十多年的海外行腳，除了把佛法的種子散播到世界各地，更在不同的文化群體中分享愛與和平的理念。在這段周遊列國的歲月中，心道法師結下了各種善緣，成為了往後籌設世界宗教博物館、拓建道場以及宣揚愛與和平理念等等偉大志業的重要資糧。

## 一、最初的國際參訪與交流

早在靈鷲山無生道場成立不久，一九八五年四月心道法師便曾前往印度、尼泊爾等地進行朝聖；而在一九八八年九月至十一月間，心道法師也率領弟子前往中國佛教四大名山朝聖，由於這些行程皆屬於佛教教內的朝聖行為，因此不歸入我們所定義的國際交流發展範圍之中。

真正國際交流發展的起跑點，應該要算是一九九〇年五月，心道法師與僧俗二眾弟子走訪西歐各大國家與歷史城市；在二十八天的行程中飽覽各地人文風景，心中則思考著種種跨宗教與文化對話的可能性，並且構築著一幅「世界宗教博物館」的理想藍圖。隔年，心道法師前往中國大連科學研究所參訪並發表「生命的原理」演說，期間並參觀松花江博物館，隨後並前往雲南朝禮雞足山。再隔年，心道法師率世界宗教博物館籌備處參訪考察團，赴南韓、日本訪問，參訪日、韓各大博物館，體察各地名勝古蹟和博物館的多元風貌，廣泛汲取建設、管理經驗並會晤

博物館和建築領域的專家學者。

　　而心道法師海外弘法的正式起跑點，則是一九九四年
四月六日至十八日的美東之行，心道法師應美東弟子邀請
首度赴美弘法，除為當地信眾指導禪修和拜訪北美最大佛
教道場莊嚴寺之外，也參訪了耶魯大學和哈佛大學。他在
耶魯大學發表了〈佛法、生活與禪修〉一文，成功地將禪
修的觀念打入西方主流學術界。而在哈佛大學則是結識了
後來對世界宗教博物館的籌建有不可磨滅貢獻的蘇利文教
授（Dr. Lawrence E. Sullivan）。這次美東弘法行，心道
法師受到當地信眾熱情歡迎，為往後的美國弘法與世界宗
教博物館的籌建扎下穩固根基。因此，於翌年再度率徒眾
赴美弘法，並主持「靈鷲山紐約道場One center成立記者招

一九九四年四月心道法師首度前往美東弘法交流

待會」。隨後並於One center道場啟建「佛陀舍利法會」，
是為靈鷲山於海外啟建法會的濫觴。

一九九四年可以說是心道法師的國際交流元年，因
為首次國際宗教交流也發生在這一年。該年六月一至十一
日，心道法師應法國跨文化基金會邀請，偕同天主教馬天
賜神父赴北非突尼西亞參加一場名為「宇宙間不可知的神
性」之跨宗教研討會，與會者包含天主教、基督教、猶太
教、伊斯蘭教、非洲等宗教代表，另有橫跨人類學、雕
塑、舞蹈、文學、宗教等領域的專家。這是心道法師開山
設教、布道弘法並與各界進行交流以來，所參加的第一場
跨宗教國際性會議。會中，心道法師受邀發表「佛教是如
何達到神聖的境界」之演說，與各界人士分享他的斷食苦
修經驗，聽眾反應熱烈、興趣十足，會議討論也因此延長
了四十分鐘。會後，馬天賜神父邀請心道法師造訪法國南
部的聖本篤修道院，實際體驗院內的靈修生活，並與院內
修士交流靈修體驗。這次國際宗教研討會，是心道法師致
力從事宗教對話、和諧共存的濫觴，也廣泛獲得世界宗教
領袖的迴響與認同，具有不可忽視的歷史性指標意義。

一九九五年六月，心道法師首次前赴印尼弘法，並主
持靈鷲山印尼雅加達中心成立開光儀式，這是靈鷲山第一
個在海外成立的弘法機構。同年八月，心道法師率領世界
宗教博物館發展基金會執事人員遠赴俄羅斯進行「宗教與
博物館訪察計畫」，期間與俄國三大宗教——東正教、薩
滿教、藏傳佛教，有了更深入的交流。九月則遠赴美加地
區考察，考察範圍以紐約、華盛頓、鹽湖城、洛杉磯、溫
哥華、渥太華等六大城市之博物館為主要參訪對象，此次

參觀的博物館中包括了RAA展示設計公司（Ralph Appelbaum Associates Incorporated，簡稱RAA）所設計的華盛頓特區浩劫博物館（The United States Holocaust Memorial Museum），也結下了日後與RAA合作的契機。

一九九六年五月，心道法師率領宗教聖地訪問團前往中東土耳其和以色列，分別與伊斯蘭、猶太教和巴哈伊教（Baha'i）進行交流。在土耳其，心道法師拜會一個名為撒曼（Zaman）的穆斯林團體，接受了當地電視臺的專訪以及在一間撒曼所屬的女子中學發表演說，開啟了與伊斯蘭的友誼之門。至於以色列的參訪則是前往亞伯拉罕宗教（猶太教、基督教、伊斯蘭教）的發跡處及聖地，並且拜會猶太教組織——以色列宗教協調會，此外，也前往拜訪了提倡「世界大同」精神並且在西方世界頗具影響力的巴哈伊教教務機構。

這次的穆斯林參訪因緣間接地成為後來「回佛對談」舉辦的機緣，因為一九九七年九月，撒曼電視臺便到靈鷲山採訪，並與世界宗教博物館合辦「宗教對人類與社會之影響」座談會，邀請天主教、基督宗教、道教、摩門教、天帝教等代表共同研討。這是靈鷲山第一次主辦以和平教育為主題的跨宗教會議，也譜下日後舉辦「回佛對談」和各種跨宗教交流活動的序曲。

心道法師在國際上的交流奔走，不但讓世人理解到他籌備世界宗教博物館發展背後的崇高理念與偉大願力，因此對該館產生認同與支持，同時也讓他在這個過程逐步累積各宗教對他的友誼和尊敬。

# 二、國際聲望的提升

接下來的兩場全球跨宗教大型會議的邀約，是心道法師國際交流中的轉折點，奠定了他日後在國際上的宗師地位。

一九九九年十二月，「世界宗教議會理事會」（Council for a Parliament of the World's Religions，簡稱CPWR）在南非開普敦舉辦第三屆「世界宗教會議」。這場會議可謂是全球宗教界的高峰會，多達七千餘人參加。心道法師在這場會議上發表兩場演說——「千禧年的心靈挑戰：希望在世界宗教博物館」及「二十一世紀的佛教：我的思考、體驗和期待」。後者被當地媒體喻為該會議三大重要演講之一。心道法師在這場會議中，詳盡地闡述了成立世界宗教博物館的理念、使命和願景，並且把世界宗教博物館作為代表全球宗教界獻給人類二十一世紀的禮物，受到與會人士一致的推崇與肯定，也讓世界宗教議會顧問、國際宗教中心理事馬庫斯‧布雷布魯克（Marcus Braybrooke）大力讚揚地表示：「世界宗教博物館的成立，代表著一個宗教家偉大

一九九九年十二月南非第三屆世界宗教會

的情操！」

　　而千禧年在美國紐約聯合國總部所舉行的「千禧年宗教及精神領袖世界和平高峰會議」（Millennium World Peace Summit of Religious and Spiritual Leaders），更是心道法師國際行腳重要的里程碑，此次會議是聯合國成立以來首次將全球各大宗教領袖齊聚一堂，為期四天的會議，共有一百多個國家，兩千位的宗教領袖和代表蒞臨與會，其歷史重要性不言可喻。會議內容含括衝突轉化、寬恕和解、消弭貧窮、地球環保四大議題。心道法師於大會上為世界和平進行祈禱，並發表「如何轉化衝突」演講。並在會後接受「美國之音」採訪時表示：「**宗教主要在推動人類共同的和平與福祉，對於快速發展的現代資訊社會，學習『尊重每一個信仰、包容每一個族群、博愛每一個生命』，將是未來的地球家的人們必須具有的共識。**」由這段話，可以看出心道法師是把宗教視為一個增進人類生命生活福祉的整體，而非侷限於自身佛教的立場，充分展現出宗師的胸襟與氣度。

　　經過這兩場會議，增進了心道法師跟各宗教之間的情誼，也讓大家更認同和支持世界宗教博物館的成立。而這點也通過他們致贈自身的宗教珍貴文物來表現出對該館的肯定與支持。例如一九九八年九月，梵諦岡教廷暨天主教教宗若望保祿二世便透過天主教臺北總教區副主教王榮和神父帶來「教宗祝福狀」，表達支持心道法師籌建宗博館的精神與理念。又如泰國僧王智護尊者（H. H. Somdet Phra Nyanasamvara）也在二○○○年致贈一尊金佛予世界宗教博物館。而二○○一年春天，沙烏地阿拉伯的「世

千禧年宗教及精神領袖世界和平高峰會議

界回教聯盟」透過阿拉伯辦事處送來了二十餘件文物。這批文物之中有聖地麥加的「天房罩幕」，這是以金線鑲繡的古蘭經，尺寸之大，世所少見。這是該組織首次將如此神聖的文物贈與非伊斯蘭教機構，足見回盟對世界宗教博物館的高度期許。而錫克教聖地金廟管理人也贈送金廟畫

像、王室古董長劍、錫克教上師用過的珍貴古琴等物，提供世界宗教博物館館藏和展示。而宗博館開館時，來了許多世界上重要的宗教領袖或代表，更可以見到心道法師的好人緣和高人氣。

心道法師於大會祈禱：我願祈求戰爭的不義，在全球具足人性的人權機構努力之下，和平化解，人們得以免除殺戮的恐懼。

# 三、世界宗教博物館開館與 GFLP成立的意義

二〇〇一年十一月宗博館開館,是心道法師國際交流的重要分水嶺,在這之前,他的國際行程很大程度是為了世界宗教博物館的籌建,而當這個平臺順利落成之後,他更將國際交流的全部心力集中到「愛與和平」志業上,並希望能通過各宗教的對話來達成,他在南非開普敦演講時就已經表明了這一點:

「我成立『世界宗教博物館』的目的,除了希望能夠展現各宗教的豐富燦爛、促進宗教與宗教之間的和諧外,特別希望提供各宗教對話的具體空間,將各宗教的愛心,聯合起來推展到全世界,在不同的宗教間,共同複製出一個愛的世界,共創愛與和平。」

世界宗教博物館的開館和二〇〇二年GFLP的成立,讓心道法師不只是繼續奔走各地進行交流對話或參與國際活動,而是開始積極地主辦國際交流活動或會議。例如舉辦回佛對談、推動緬甸計畫、響應國際賑災、從事兩岸交流,籌建四大禪修中心作為落實推動國際禪修的據點,推動強調「心和平,世界就和平」的全球寧靜運動,持續關懷聖地聖蹟維護和環保議題等。在這個過程中,心道法師一方面可以持續地宣揚自己愛與和平的理念,號召更多人認同和投入愛與和平的志業;另一方面也不斷擴展延伸他的國際知名度與人脈資源,產生更大的磁效應,而讓他和他的和平理念和志業更廣為人知並參與者眾,兩者形成相互辯證的發展關係。

# 四、全方位開展的國際交流與宗教對話

　　從二○○二年開始，心道法師的國際交流邁入一個新的階段。

　　由於GFLP的正式成立，因此二○○二年九月心道法師第一次以「愛與和平地球家」創辦人的身分，參加聯合國於紐約總部召開的第五十五屆非政府組織年會，並與聯合國秘書長安南（Kofi Atta Annan）等代表在「九一一事件」週年紀念中同臺祝禱、祈福。翌年，心道法師再次參加第五十六屆年會，並發表「宗教對談與和平的貢獻」，闡揚自己的宗教對談理念。另外，他在這一年中也舉辦了三場「回佛對談」，正式揭開靈鷲山舉辦國際宗教對談活動的序幕。

心道法師以非政府組織「愛與和平地球家」（GFLP）創辦人身分
受邀參加聯合國二○○二年NGO年會。

二○○二年九月聯合國NGO年會

二〇〇三年十二月初，心道法師以世界宗教博物館創辦人身分，應邀出席印度「邁向和諧與和平文化」國際宗教領袖高峰會。印度總統阿杜·卡倫（Abdul Kalam）以及近千位來自世界各地及全印度的宗教領袖與代表皆出席會議。主辦單位為表揚心道法師長年推動宗教交流和創辦宗博館的貢獻，特於會議中邀請心道法師就和平作為主題進行一場專題演講。

十二月中旬，心道法師則是前往西班牙參加第一屆「以利亞世界宗教領袖會議」（Elijah Board of World Religious Leaders），這場會議由猶太教、基督教、伊斯蘭教、印度教、佛教的觀點來探討種族仇視的問題，與心道法師倡導宗教對話理念不謀而合，因此與主辦該活動的

二〇〇四年七月西班牙巴塞隆納世界宗教會議

以色列宗教學術機構「以利亞宗教交流協會」（Elijah Inter-
faith Institute）創辦人拉比‧阿隆博士（Rabbi Alon）相談甚
歡並結為好友。阿隆博士因此承諾兩年後（二〇〇五年）第
二屆「以利亞世界宗教領袖會議」將由世界宗教博物館在
臺灣承辦。

　　二〇〇四年四月，心道法師應邀出席德黑蘭「摩塔哈
里（Motahari）思想研究」國際會議，也在此舉辦了第五
場回佛對談。當時的德黑蘭市長曾以晚宴招待國際貴賓，
跟每個人握手合影；而這位衣著極為樸實的市長，在幾個
月後當選成為伊朗總統。

　　七月，心道法師應邀出席在西班牙巴塞隆納（Barcelo-
na）所舉行的第四屆「世界宗教會議」，並出席五場研討會
以及在此舉辦第六場回佛對談。這場會議有近八千人參與，
與會者皆為全球各宗教領袖與學者專家，心道法師也在會議
中與推動全球倫理的知名學者孔漢思（Hans Küng）對談，
吸引三百多位聽眾列席聆聽。閉幕式時，大會邀請心道法
師手捧哈達以六字大明咒為大眾祈福，為大會畫下完美句
點。

　　同年八月，心道法師到北京參加海峽兩岸學術研討會
並發表演說。十月遠赴加拿大溫哥華的英屬哥倫比亞卑詩
大學（University of British Columbia）亞洲研究中心，
合辦「佛教聖地的形成與轉化」國際學術研討會，並在開
幕典禮時以「一份『傳神』的志業：聖地精神的再現與活
化」為題發表演講，這也是心道法師對聖蹟維護議題的參
與和關注。

二〇〇四年，與「高登合作與和平協會」共同於臺北市舉辦「二〇〇四年夥伴城市國際
會議——靈性與生態永續：水——我們共同的根源」。

　　二〇〇四年十一月，CPWR附屬機構——美國「高登
合作與和平協會」（Golden Institute for Partnership and
Peace）肯定心道法師創辦世界宗教博物館推動宗教交流的
貢獻，因此邀請該館共同主辦「二〇〇四年夥伴城市國際
會議」，會議主題為「靈性與生態永續：水——我們共同
的根源」，並選定臺北舉辦一連六天的會議，上百位世界
各宗教界領袖、代表以及國內外生態環保專家學者齊聚臺
北，一起探討全球生態以及水資源等議題。心道法師在會
議中呼籲大家珍惜和重視水資源，顯現出他對環保議題的
重視。

　　二〇〇五年九月，心道法師在北京大學演說並簽署
「宗教對話講座」備忘錄，確立雙方在「宗教對話」上的
合作關係。年底，延續三年前結下的緣，第二屆「以利亞
世界宗教領袖會議」在靈鷲山無生道場舉辦，會議主題是
「神聖性的危機」（The Crisis of Holy）。二十多個國家
六十位世界各大宗教領袖和代表在四天的會議當中共同探

討當前宗教與靈性所面臨的挑戰。來自斯里蘭卡的聖者「佛牙舍利守護者」尼南迦（Nilanga），也全程參加這次國際會議。

第二屆以利亞世界宗教領袖會議，所有與會貴賓合照。

　　二○○六年心道法師閉關一年，故暫停國際交流行程。他出關後的第一場國際會議，是二○○七年六月由德國慕尼黑大學與Eenst Freiberger私人基金會在慕尼黑合辦的「禪坐與動機」（Meditation and Motivation）小型專業會議，與會者包括腦神經醫學家、心理學家與臨床研究者，而心道法師是唯一受邀的東方禪師。這場西方科學與東方禪修的相遇，讓會議的討論顯得格外熱烈，心道法師在會議上與一名國際知名的腦科學專家Ernst Poeppel因立場不同而熱切討論，卻因此而成為好友，日後還受邀為其著作《老年之旅》寫序。

二○○七年六月於德國慕尼黑參與「禪坐與動機」會議

二〇〇七年墨西哥全球文化論壇

　　九月心道法師接受「二〇〇七蒙特雷全球文化論壇」（Universal Forum of Cultures, Monterrey）之邀，於九月中赴美國、墨西哥展開為期九天的國際和平交流之旅。除了參與「二〇〇七全球文化論壇」開幕典禮並且於會中發表三篇演說和參與一場座談記者會外，也在美國德州和墨西哥弘法，介紹世界宗教博物館以及教導禪修。

　　二〇〇八年的因緣相當特殊，心道法師被邀請參加兩個「國家級」的會議。

應邀赴蒙古參加「當代佛教在蒙古未來的發展與挑戰」國際會議

　　首先是五月中，心道法師到蒙古參加為紀念國師巴庫拉仁波切而舉辦的「當代佛教在蒙古未來的發展與挑戰」國際會議，除了擔任開幕致詞貴賓，並以「蒙古佛教與現代意義」為題發表專題演講。當晚國宴中，蒙古恩赫巴亞爾（Nambaryn Enkhbayar）總統特別單獨與心道法師晤談，表示心道法師的講演令他「印象非常深刻」。心道法師第二天也參加他們的衛塞節慶典儀式並且席列上賓，之後也在蒙古國立大學發表演說。同年七月，沙烏地阿拉伯國王阿布杜拉（King Abdullah Bin Abdul-Aziz al-Saud）邀請心道法師參加在西班牙馬德里王宮舉行的「各

心道法師與蒙古總統恩赫巴亞爾

心道法師應邀參加西班牙「各大宗教對話國際論壇」

應邀參加西班牙「各大宗教對話國際論壇」，
心道法師與世界回教聯盟秘書長涂奇博士。

大宗教對話國際論壇」。這是回教世界第一次主辦的宗教對話會議，也是宗教界一大盛會。開幕大會上出席的重要代表包括沙烏地阿拉伯國王阿布杜拉、西班牙國王卡洛斯（Juan Carlos）、英國前首相布萊爾（Tony Blair）、美國前總統候選人黑人牧師傑西・傑克遜（Jesse Jackson）以及其他各宗教領袖代表和世界重量級人士，這場會議的重要性不僅是因為其跨宗教、跨國際，更是來自於這些與會者的國際代表性以及其所討論的議題，三天的會議包括「對話及其宗教和文明的基礎」、「對話在人類社會的重要性」、「對話領域的人類共性」、「對話的推動和評估」等議題。心道法師在肯定此次會議的同時也進一步指出，對話不能只停留在語言層面，還需要具體行動。

心道法師於第二屆世界佛教論壇發表「當代佛教修學體系的實踐與展望」演說。

二〇〇九年三月，心道法師應邀參加中國舉辦的「第二屆世界佛教論壇」並發表演講。七月參加瑞士蘇黎世拉薩爾靈性中心（Lassalle Haus）舉辦「禪、卡巴拉及基督宗教的神祕主義」國際會議，會議中參與兩場工

心道法師為波蘭奧斯威辛集中營的受難者點燈

作坊進行專題演講，並於現場帶領大眾禪修，引領大眾體會寧靜的力量。隨後，轉往波蘭參訪奧斯威辛集中營紀念館（Konzentrationslager Auschwitz-Birkenau），並與博物館執行長Dr. Piotr M. A. Cywinski、錫克教長老默辛達‧辛格（Bhai Sahib Dr. Mohinder Singh）等宗教領袖，為二次大戰遭屠殺的猶太人祈願，也為人類的和平進行對談，藉由宗教間彼此的分享與交流，體認到「愛與寬容」的重要。最後，心道法師應英國「伯明罕世界宗教博物館籌委會」邀請，擔任博物館籌委會主席，並以國際上首位世界宗教博物館創辦人身分，分享博物館的使命——呈現宗教信仰間的價值與智慧，展現差異、比較和學習的場域，讓真實的理解與包容從博物館推向全世界。與會專家學者無不感佩心道法師對「愛與和平」之信仰與實踐能夠合一，更將華嚴精神，具體展現於全世界。

波蘭奧斯威辛集中營，為了防止有人逃脫而通上電流的鐵絲網。

第五屆世界宗教會議，在澳洲墨爾本國際會議中心舉辦，
會議邀請了數十個宗教團體參加。

第五屆世界宗教會議，心道法師與所有與會者
共同參與盛大的開幕儀式。

　　同年十二月，心道法師率領靈鷲山代表團出席澳洲墨
爾本國際會議中心召開的「第五屆世界宗教會議——世界
大不同：聆聽彼此，療癒地球」，計有全世界超過八十個
國家、三十多個宗教派別、數十個宗教團體及近萬名宗教
領袖出席。心道法師於會議上以「寧靜」為獻禮，引領大
眾「深呼吸、合掌、放鬆、寧靜下來、讓心回到原點」，
獲得在場熱烈分享與回應；同時，心道法師參與了「宗教
及靈性團體在衝突及調解中扮演的角色」、「東亞宗教的
生態觀」及以利亞宗教交流協會舉辦的「全球視野下的宗
教領袖」等座談，與各界專家學者分享與對談。

　　二〇一〇年九月，心道法師受邀赴香港參加首屆「中
華佛教宗風論壇」。二〇一一年二月，心道法師以世界宗
教博物館創辦人且長期推動回佛對談跨宗教交流，獲回盟邀
請，參與於臺北國家圖書館國際會議廳舉辦的「二〇一一年
人類共同價值對話」研討會，並發表「宗教團體與人類衝
突」演說，與來自十四個國家，近六十位專家學者對話與分
享，針對世界局勢及臺灣現況提問交流，相互激盪火花。四
月，心道法師再度受德國慕尼黑大學宗教系主任邀請，發表
「中國禪宗的社會責任」，並教授三天的禪修課程。

二〇一一年十一月，是世界宗教博物館開館十週年，因而舉辦「世界宗教博物館十週年國際研討會」，分別以「世界宗教博物館對社會變革性的影響」、「如何建立一座世界宗教博物館」、「世界宗教博物館形象的建立與未來推廣」三大主題進行廣泛的討論，心道法師與全球各大宗教類博物館代表、各宗教領袖、企業人士在宗博館內，進行經驗交流並提出具體建議。十二月前往印度新德里參加由「阿育王使命」（Asoka Mission）佛教組織發起「全球佛教大會」（Global Buddhist Congregation 2011），於會中發表「如何化解暴力與衝突」演說，在場來自四十六個國家、近八百名的高僧、學者、官員及信眾聆聽。

二〇一二年二月，為響應聯合國「世界宗教和諧週」，心道法師受費瑟基金會（Fetzer Institute）邀約前往印第安那州聖母大學（Notre Dame University），主講「轉換自我與世界：一個佛教徒的靈性故事」，與青年學子、各界學者分享自身的生命及修法經歷，值得一提的是，費瑟基金會總裁兼執行長正是蘇利文教授。三月，心道法師帶領僧俗近一百八十人

二〇一一年二月，心道法師受邀參加於臺北國家圖書館舉辦之世界回教聯盟國際會議，與韓國佛教代表交流。

二〇一一年二月世界回教聯盟國際會議

二〇一一年四月於德國慕尼黑教授禪修

二〇一二年二月心道法師於美國聖母大學演講

心道法師邀請RAA創辦人暨總裁奧若夫加入華嚴
聖山計畫,讓宗博華嚴的精神繼續延伸。

心道法師與蘇利文教授多年後相見,心道法師致贈
「心和平・世界就和平」墨寶。

朝禮佛陀聖地。期間也與印度心靈大師古儒吉(Guruji, Sri Sri Ravi Shankar)進行寧靜對談,並獲得北印度比哈爾(Bihar)省政府撥地設立靈修中心。四月受邀赴香港參與「第三屆世界佛教論壇——和諧世界・同願同行」。九月,心道法師三度受費瑟基金會邀請,遠赴義大利Assisi參與「全球大會:愛與寬恕的朝聖」國際會議,與在場來自全球五百位領袖,分享自身的修行歷程與創建世界宗教博物館的理念。十一月,心道法師於北京大學演講「全球化時代下的中國禪」演說及帶領「一分禪」,讓大眾體會禪的奧妙。

多年來的國際交流,心道法師與各宗教領袖和靈修大師相知相惜並結下深厚友誼。像是印度靈修大師古儒吉,便在二〇〇一年宗博館開館時專程前來參與道賀,而心道法師也在二〇〇三年和二〇〇八年兩度前往印度參加他所舉辦的活動並被奉為上賓。二〇〇八年四月靈鷲山佛教教團在臺北大安森林公園主辦「寧靜運動」,古儒吉大師帶領近百位弟子全程參加,一起體驗寧靜的靈修活動,分享實修心得。古儒吉經常鼓勵他在臺灣的弟子向心道法師學法,而心道法師也讓教團法師們學習古儒吉所教導的瑜伽呼吸法。兩位大師相知相惜、相互推崇肯定,確立宗教交流的優良典範。又如泰國的

內觀高僧讚念長老（Ajahn Jamnien Silasettho），也數次
來到靈鷲山參訪並與心道法師結為好友，他也預言靈鷲山一
定可以傳承五千年。另外，像是「以利亞宗教交流協會」的
創辦人阿隆博士、費瑟基金會的總裁蘇利文教授都是心道法
師的好朋友，也是其推動愛與和平志業的好夥伴。

　　由上可知，心道法師以籌建世界宗教博物館開始其
國際交流生涯，早期以宣揚宗博館理念和宗教參訪交流為
主，由此逐步累積國際交流經驗和資源。而待開館以後，
則以推動「對話交流」與「愛與和平」理念為主，除了通
過積極參與和舉辦各式國際宗教會議，揭櫫「對話交流」
以及「愛與和平」的重要性，強調生命共同體的意義外，
也將自身多年的禪修體悟轉化成禪修教學以及寧靜運動，
希冀能在國際上引起更大的迴響與共鳴，從「心和平，世
界就和平」而促成「愛與和平地球家」的實現。

心道法師與國際好友，印度教古儒吉大師歡喜相聚。

# 五、國際社會的榮耀與肯定

多年來以禪師的身分，不遺餘力地奔走國際推動愛與和平理念，心道法師獲得了不少國際組織與國家政府的認同與讚揚。二○○一年四月，千禧年世界和平高峰會（World Peace Summit）祕書長巴瓦‧金（Bawa Jain）來臺敦聘心道法師擔任在聯合國舉行的「千禧年宗教及精神領袖世界和平高峰會議」委員會諮詢委員，這便是來自於國際宗教組織的實質的肯定與支持。

二○○五年六月，心道法師赴斯里蘭卡，接受斯里蘭卡政府所頒發的國家最高佛教榮譽——「修行弘法貢獻卓越獎」，並頒贈斯里蘭卡國家佛教最高榮譽法扇。此外，斯里蘭卡國會議員索比塔與兩位來自「斯里摩訶菩提廟」（Sri Maha Bodhi Temple）的高僧，護送兩株斯里摩訶菩提樹苗來臺，致贈靈鷲山佛教教團。摩訶菩提樹苗在斯里蘭卡被視為宗教聖物，須獲得斯里蘭卡政府和「斯里摩訶菩提廟」同意並發給證書才能出境，而且規定要由「斯里摩訶菩提廟」的住持高僧親自護送和種植。由此可見斯里蘭卡佛教界對心道法師弘法事業的肯定。

二○○五年八月，心道法師獲印度的伊斯蘭教組織「宗教交流和諧基金會」（Inter Faith Harmony Foundation）頒贈「穆提拉尼赫魯和平、包容與和諧獎」（Pt. Motilal Nehru National Award for Peace, Tolerance and Harmony）。這是來自印度國家級的肯定，由印度前總統納拉亞南（Kocheril Raman Narayanan）主持頒獎，肯定心道法師在推動「愛與和平」理念上的努力。

　　二〇〇六年三月，緬甸政府肯定心道法師和靈鷲山佛教教團在該國的弘法與慈善事業，因此頒發「國家最高榮譽弘揚佛法貢獻卓越獎」；由於心道法師此時正在閉關，因此由教團法師代表前往領獎。

　　二〇一〇年四月，心道法師再次前往緬甸首都奈比多，接受國家上座部最高僧伽委員會頒贈一級榮譽「傳授禪修卓越優秀獎」，這是心道法師第二度在傳授禪法及弘揚佛法等善業領域上榮獲緬甸政府的卓越肯定。

　　二〇一〇年十月，心道法師以創建世界宗教博物館、國際非政府組織「愛與和平地球家」，長期推動回佛對談，以及與各宗教間的交流對話，獲得美國理解寺（Temple of Understanding）選為「全球跨信仰遠見者」，且和其他各宗教領袖及專業領域的傑出人士，共六十五人齊聚紐約，舉行跨信仰遠見者：「永續發展號召行動會議」。

# 肆、重要國際交流成就

## 一、回佛對談

　　二○○一年九月，美國發生九一一恐怖攻擊事件，再加上當年三月阿富汗巴米揚（Bamiyan）大佛遭塔利班（Taliban）政權摧毀，在這一連串文明與宗教衝突的陰影下，心道法師決意發起一系列的全球回佛對話行動，以推展宗教交流，促進世界和平。他提了第三力量的觀念。他曾經對一位紐約時報的記者表示：

　　「這世界需要柔性的第三力量，來平衡回教與基督教兩股勢力，這第三力量最適合的就是倡導空性的佛教，因為佛教的平等與包容是可以成為和諧對話的橋樑，只有相互的交流、溝通，才能成為朋友，也才能彼此瞭解。」

　　第三力量的提出不是為了「制衡」兩大宗教，而是作為兩大宗教之間「中介」、「媒合」的角色。以柔性的力量來鼓勵溝通和對話，打破宗教間的隔閡與差異，促進彼此的瞭解與認識，使之成為人類社會和諧的力量。世人不應對伊斯蘭文化不加以認識與瞭解，便簡單化約為恐怖和暴力；而基督宗教的博愛與包容，也應該是不分信仰與種族的。他認為宗教之間之所以能夠對話，是來自宗教背後有共同的價值，那就是愛與和平，他對宗教對話下過如下的註解：

　　「宗教對話是很務實的工作，透過對話達成『他者』與自身的共融，最終也達成宗教之間的和諧與平衡關係，

圓滿『自身』，也圓滿『他者』，最後『自他』融合。雖然『他者』問題有待更深一層的探索，我始終還是相信：愛與和平的精神，是各宗教原本的宗旨，也是內在的靈性。」

因此，心道法師希望透過不同宗教、族群的對話，彼此真心交流、理性溝通、化解成見、培養友誼，以尋求生命的共同價值。在各族群、宗教相互信任的基礎下，用愛恢復萬物的善良本性，促進全人類相互合作、共生共榮。

於是，心道法師與靈鷲山走遍全球，拜會各族群宗教團體，積極參與並舉辦多場宗教交流及大型會議，推動宗教和平對話，用行動弭平鴻溝、建立彼此的信任；從二○○二年至今，總共舉辦過十三場跨國性的「回佛對談」，透過佛教柔性的力量為中介，化解伊斯蘭教與基督教的誤解與衝突，促進彼此的友好與和平，受到世界各宗教領袖、專家學者及各界人士極大的肯定與迴響，簡介各場於下：

二○○二年三月「回佛對談」揭開了序曲。第一場以「找到共識・共謀和平」為主題的對談，在美國紐約哥倫比亞大學舉行。這一場回佛對談由千禧年世界和平高峰會祕書長巴瓦・金擔任主持人，與談者包括佛教與比較宗教學教授大衛・恰沛爾（David Chappell）、伊斯蘭對話論壇（International Islamic Conference of Dialogue）總監阿密・伊斯蘭（Dr. Amir. Islam）、紐約清真寺伊斯蘭教長佛修・蘭弗（Feisal A. Rauf）以及心道法師等人。由於九一一事件發生在紐約，所以以此為系列對談的起點，有

其特殊意義。

　　第二場及第三場「回佛對談」分別在二〇〇二年五月和七月舉辦，主題是「全球化運動在亞洲」及「靈性全球化」，分別在馬來西亞吉隆坡和印尼雅加達舉行。亞洲社會以佛教徒和穆斯林為多數，而東南亞正是這兩個群體的交會點，因此在東南亞的兩個城市展開這兩場以全球化為出發的論壇，實為跨宗教對話的工作累積不少精神養分與資源。

二〇〇二年三月紐約哥倫比亞大學舉辦首場回佛對談，
期間心道法師於九一一遺址祈福度亡。

二〇〇二年七月印尼回佛對談大叢山晚宴後，印尼總統瓦西德簽署接受GFLP顧問。

二〇〇三年五月的第四場對話，由靈鷲山佛教教團、世界宗教博物館、愛與和平地球家（GFLP）與聯合國教科文組織（UNESCO）合辦，地點在巴黎。這是回佛對談首次在歐洲舉辦，參與者包括前三場的多位對談者以及聯合國教科文組織代表，值得一提的是，法國愛馬仕副總裁賽門·撒維爾·葛蘭德愛馬仕（Simon Xavier Guerrand-Hermès）亦參與這場會議，並且把他位於巴黎市區的豪宅設宴款待與會貴賓。

二〇〇三年巴黎回佛對談

接下來二〇〇四年的第五和第六場對談，則分別在伊朗德黑蘭及西班牙巴塞隆納舉行，第五場是在參加「摩塔哈里思想研究」國際會議時同時舉辦，第六場則是於參加「世界宗教會議」時召開，都是趁著時間與地利之便邀請宗教領袖或學者參加，達到時間與空間的充分運用。

二〇〇四年四月伊朗德黑蘭「摩塔哈里思想研究國際會議」

二〇〇八年六月臺北回佛對談

　　二〇〇五年十一月的第七場回佛對談在北非摩洛哥
舉辦，這場回佛對談是與葛蘭德愛馬仕和平基金會（GH
Peace Foundation）共同舉辦，亦即曾經參與第四場會談的
賽門・撒維爾・葛蘭德愛馬仕所設立的。愛馬仕早於開館前
即與心道法師結緣，不但到過靈鷲山參訪，對心道法師也非
常推崇，他自稱自己是「穆斯林加基督徒」，因此非常支持
心道法師所辦的回佛對談系列。第八場在二〇〇六年十月與
北京大學聯合舉辦，當時由於心道法師閉關，因此由首座
了意法師代替出席。

　　二○○八年六月第九場則在臺北和政治大學合辦，這是回佛對談舉辦以來首次在臺灣本土舉辦，也是唯一的一次，尤其是第三日會議地點更移至世界宗教博物館舉行，更顯得宗博館作為國際化交流平臺的位階被確立。心道法師在開幕致詞時表示，期盼藉由此次會議增進地球健康與人類和諧，以「靈性價值」帶動生命關懷的實踐，並引領全球化的進程，落實善行與慈悲的全球化。

　　二○○八年九月的第十場回佛對談又重回紐約，並且首度與菲律賓駐聯合國使節團合作在聯合國舉辦，也表現這場回佛對談的高度。參與者包括千禧年世界和平高峰會秘書長巴瓦·金、菲律賓駐聯合國使節團常駐大使賀賴瑞（Hilario Davide）、聯合國大學紐約總部辦事處主任金馬克（Jean-Marc Coicaud）等。

二○○五年十一月於摩洛哥，
心道法師帶禪修。

二○○六年十月北京大學回佛對談

二〇〇八年九月，紐約聯合國總部回佛對談與會貴賓合影。

二〇〇九年十二月的第十一場回佛對談，則是在墨爾本的第五屆世界宗教會議期間舉辦。二〇一〇年的第十二場回佛對談則是首次於佛陀的故鄉印度舉辦，印度拉達克是一個多元宗教並存的地區，不時會有零星的宗教衝突發生，這次特別選在這裡舉辦，就是希望將跨宗教對話交流模式帶到這個地區來促進和平，因此心道法師在演說時特別提到：「世界因差異而存在，因同而和諧」期許「用愛心來交流與對話，增進彼此的認識與友誼，才能共創存在的價值，和諧共生，這也才是化解衝突的根本之道。」

二〇〇八年九月，於紐約聯合國總部舉辦回佛對談，心道法師於會中發表「生態療癒與地球權利」演說。

二〇一二年的第十三場回佛對談第二次在印尼雅加達舉辦，時值末日之說充斥，心道法師在這種會議中提出宗教的三個時代責任與使命，擲地有聲、振聾發聵，顯現出一代宗師的氣度與高度。

二〇一〇年六月印度拉達克，心道法師與馬來西亞回教意見領袖千卓拉·穆塔法博士合影。

綜觀截至目前為止的十三場回佛會談，心道法師的演說都是扣著「愛與和平」，期許以對話交流來化解衝突、以相互理解來達到合作互惠，以和平為前提來取代暴力，充滿對人類生命生活的關懷重視，以及對生命共同體的呼籲。

二〇一〇年六月印度拉達克回佛對談

# 回佛對談會議

| 場次 | 時間 | 地點 | 主題及重點內容 |
|---|---|---|---|
| 1 | 2002-03-07 | 美國 紐約 | 「找到共識・共謀和平」 不同宗教開始對話、伊斯蘭教的女性、伊斯蘭教與佛教中「神」的概念及「無限的權柄」 |
| 2 | 2002-05-11 | 馬來西亞 吉隆坡 | 「全球化運動在亞洲」 宗教與信仰是人類善良的根源、宗教面對經濟全球化的危機、宗教的核心就是正義與公理 |
| 3 | 2002-07-30 | 印尼 雅加達 | 「靈性全球化」 二十一世紀是靈性的世紀、宗教對話的最佳形式、回佛對談的經驗分享、對話之後需要積極行動、一個修行者的生命體驗、對話從聆聽開始 |
| 4 | 2003-05-05 ~ 2003-05-07 | 法國 巴黎 | 「全球倫理善治」 傾聽的藝術、全球倫理為善治的基礎、和平教育 |
| 5 | 2004-04-25 ~ 2004-04-27 | 伊朗 德黑蘭 | 「宗教的責任：與其他宗教對話」 宗教的思考自由、宗教思想復振、思想的信仰與自由、婦女與婦女宗教權 |
| 6 | 2004-07-11 | 西班牙 巴塞隆納 | 「佛法，阿拉與善治」 宗教的教法與平衡 |
| 7 | 2005-11-06 | 北非 摩洛哥 | 「宗教與社會」 宗教的包容性、神聖的危機 |

| 8 | 2006-10-16 ~ 2006-10-18 | 中國北京 北京大學 | 「宗教生死觀」<br>人生觀、對於僧團／伊斯蘭社群的觀點、對於死亡和來世的觀點 |
|---|---|---|---|
| 9 | 2008-06-11 ~ 2008-06-13 | 臺灣臺北 政治大學 | 「全球化與靈性傳統：各宗教的對談與省思」<br>善意與敵意：宗教對待他者的態度、回佛對談未來的重點議題 |
| 10 | 2008-09-03 ~ 2008-09-4 | 美國紐約 聯合國 總部 | 「邁向地球家」<br>和平與人權、貧窮與社會不平等、生態療癒與地球權利 |
| 11 | 2009-12-04 | 澳洲 墨爾本 | 「在追求公義中締造和平」<br>宗教的核心價值是「愛」，從自我內心開始，懂得去欣賞、尊重與他人的差異，各宗教才可能彼此合作、推動和平 |
| 12 | 2010-06-28 ~ 2010-07-01 | 印度 拉達克 | 「暴力——衝突解決的宗教資源」<br>回佛關係之古今面向、全球和平之回佛願景、我們在當今世界的任務與挑戰 |
| 13 | 2012-07-17 ~ 2010-07-18 | 印尼 雅加達 | 「亞洲宗教的愛與寬恕」<br>不同宗教信仰間如何藉由愛與寬恕達到社會的安定和諧，進而邁向世界和平的目標 |

# 二、緬甸計畫

　　來自故鄉的記憶，在一個人的一生中總是最難以抹去
的。自從十三歲（一九六一年）隨國民政府部隊來臺後，
心道法師直到一九九三年六月才首次再度回到緬甸，並帶
領弟子一同前往當地佛教聖地朝聖。三十年的歲月洗禮和
佛法薰陶，昔日砲火戰亂中的孤雛，早已蛻變成一個修行
精湛、洞澈世情的覺悟者。

　　然而，作為一個出世聖者的心道法師，對自己出生的
故鄉地緬甸，始終留有一份關懷和感恩的心。有感於自己
因戰亂而顛沛流離的童年，心道法師從沒遺忘故鄉窮苦無
依的孩童，在念念不忘如何真正落實愛與和平教育之下，
深耕緬甸貧苦兒童的計畫成為靈鷲山國際建設計畫的緣起
地。

　　心道法師深知短暫援助只能救急不救窮，因此希望經
由長期的教育方式讓和平種子深耕及散播出去，將無形的
靈性教育與有形的社會服務合而為一，透過提供生活、教
育、職訓、公眾醫療、社區農場等一連串多元且有計畫的
建設，把佛法與當地的社區發展與社會服務結合，協助當
地居民學習自給自足，並透過教育讓學童脫離貧困循環的
宿命，讓緬甸成為落實「愛與和平地球家」理念的第一個
實踐據點。未來，期望以緬甸作為實例，讓「愛與和平地
球家」的深耕建設計畫，延伸到世界各地其他需要幫助的
國家。

　　因此，GFLP結合當地的佛教文化資源寶藏，推動「愛與和平地球家——緬甸計畫」，具體計畫包括：「大雨托兒所計畫」、「弄曼修行農場」、「佛國種子獎助學金計畫」、「緬甸國際禪修中心」等，涵蓋教育、身心靈修行、閉關中心、社區服務、生態農業輔導等多元內容，落實「愛與和平」教育理念最好的實踐場域。以下分別說明緬甸四大計畫具體內容及發展成果：

## 大雨托兒所計畫

　　從二○○六年六月在仰光省果目鎮（Kowhmu）開始第一個大雨托兒所，在雨季農忙時，提供免費照顧農村幼童的服務。直到二○○七年三月，靈鷲山GFLP在果目鎮共成立「欣羌村嗷始圍」、「布勞道村蔻荳彌」、「耶漂敦村嗷始圍」三所大雨托兒所，將幼兒集中在托兒所中，由沒有收入的婦女來照顧其安全、衛生、教養、陪伴、遊戲等事項，讓他們一星期七天都能獲得妥善照料。

二○一○年動土的耶漂敦大雨托兒所嗷始圍分院，二○一一年順利落成，孩子們用表演來歡慶落成。

大雨托兒所的小朋友賽跑

　　二〇〇八年五月因納吉斯（Nargis）風災，果目鎮三所大雨托兒所遭到肆虐而近乎全毀，靈鷲山GFLP立刻展開重建計畫，首先將孩童安置於其他臨時的校舍及寺院，再以較堅固的水泥牆著手翻修，隨後在二〇一一年三月三所大雨托兒所便陸續重新啟動，重建後的大雨托兒所再度成為果目鎮孩子們的堡壘，持續護佑他們健康快樂地成長。

緬甸大雨托兒所，師生合照。

## 弄曼修行農場

　　為了讓緬甸當地居民能夠獨立自主的養活自己，避免養成一面倒的依賴外援的習慣，因此，GFLP積極地發展輔導當地居民從事農耕的工作。「弄曼修行農場」的概念正式在這樣的構想上被落實。

　　位於緬甸臘戌弄曼村的「弄曼修行農場」，是該村村長受到心道法師對家鄉回饋的感召，將原本種植玉米的土地奉獻出來。GFLP強調生態平衡，以技能培養為目標，經營有機修行農場，不但輔導村人自給自足，也協助農人獲得較優厚的收購價，並在修行農場中自製產品對外販售。除此之外，許多來自世界各地的志工，不定時組團參加「弄曼農場公益之旅」，學習放慢腳步，享受農場生活。知名的作家褚士瑩，也積極地投入弄曼農場的志業中，並且從中發現了許多生命的趣味與體悟。臺灣的公共電視臺亦肯定弄曼農場而前往採訪並製作專題，並且在二〇一二年九月播出向全球傳達其經驗與理念。

弄曼農場是以不破壞生態平衡為理念建構而成的永續農業。

二〇〇五年三月GFLP緬甸佛國種子獎學金
紐約募款餐會

二〇〇五年三月GFLP緬甸佛國種子獎學金紐約
募款餐會，心道法師開示並傳授平安禪。

來自千里之外菩薩們的願力，
圓滿了學子的進取之心。

滾良光市僧院六所聯合佛國種子頒獎典禮

## 佛國種子獎助學金計畫

　　將佛法教育與社會服務結合，提供生活、教育、職訓、公眾醫療服務等，協助當地孤兒與貧童自給自足、脫離貧困、普及教育。從二〇〇四年六月開始，每年經由全國性的考試，選出來自緬甸各地各所僧校的孤兒、貧童或小沙彌，頒發「佛國種子獎助學金」，至二〇一二年已舉辦了九屆。提升教育品質為獎助學金頒發的主要目的，鼓勵鄉間弱勢卻優秀的孤兒及沙彌努力求學、奮發向上；也讓有能力的僧侶得到提升學習的管道，未來完成階段性的學習後回饋社會，為大眾服務。

## 緬甸國際禪修中心

　　靈鷲山緬甸國際禪修中心「法成就寺」於二〇〇六年四月落成開光，是靈鷲山重要的禪修中心之一。它是靈鷲山各項緬甸計畫的總指揮所，也固定安排禪修課程與班級，聘任禪修教師駐站授課，教導靈鷲山寂靜禪修心法。期間並曾舉辦「大雨耕心營」，以佛法中愛與慈悲精神作為基礎核心課程，並闡述心道法師愛與和

靈鷲山緬甸供萬僧朝聖，沙彌
拿到供養資具後開心合影。

平的理念。希望透過這些課程的薰陶，讓來自緬甸各地的
年輕老師思考生命價值與意義，學習將佛陀的大慈悲心落
實於教學與日常生活中，進而培訓出一群兼具愛與包容心
的優秀教育人才。

　　另外，自二○○二年開始，心道法師每年十二月皆
會帶領弟子前往緬甸朝聖並且供養僧眾，名為「緬甸供
萬僧」。具體作法是於每年的結夏安居圓滿日，作萬僧
的食、衣、藥品等資具供養，由城市至鄉村逐步安排，
同時也擴及對更偏遠地區僧侶的資糧生活的照顧供養。
截至二○一二年為止已經是第十一年。

# 三、國際賑災

「人道救援與關懷」長期以來便是心道法師的宗旨，他認為：

「當國際性大災難發生時，各地的救援組織不會考慮國籍、信仰、膚色、性別等問題，當下的信念只有一個，就是盡一切可能地搶救生命，因為生命價值遠超越一切有形條件。」

也因此，心道法師在二〇一二年的印尼回佛對談中，提出當代宗教的三大責任，其中一個便是「要盡力關懷和消除各種人類的苦難」，而「這可以通過慈善救助，以及社會實踐的方式來達成。」在他而言，宗教雖然是「擁有各自的傳統，然而當災難發生時，絕不會因為你我的信仰不同，而不伸出救援的手，因為生命的價值超越一切。」

在心道法師的理念引導下，GFLP和靈鷲山佛教教團長期以來便積極投入國際的賑災工作，舉凡國際間重大天災人禍，總會率先提供各項協助：以當地風俗民情、信仰、人文、自然環境為考量，並以運送民生物資、捐助善款及社區醫療等迫切需要為優先工作，接著再以災後重建工作及心靈重建為主要目標，以完善賑災工作的全面性。可以說，在國際間重大災害的即刻救援、災後重建，或是長期耕耘的建設計畫等，處處可見GFLP和靈鷲山志工的身影穿梭其中，在在展現出義不容辭、當仁不讓的入世精神。

下面舉幾個國際重大災害的例證來做說明：

## 南亞大海嘯

二〇〇四年十二月，南亞發生世紀大海嘯，數十萬人死亡，上百萬人流離失所。海嘯第二天，心道法師接到斯里蘭卡國會議員索比達（Sobita）長老的電話，他計畫為難民搭建一千所房屋，因資金龐大，獨力難撐，請求世界宗教博物館與靈鷲山佛教教團伸出援手。心道法師聞訊之後，便號召各宗教團體，組成臺灣民間首次的宗教聯合募款委員會，以跨國際的GFLP名義，將愛心送到斯里蘭卡，協助因海嘯而失去家園的斯里蘭卡人民，建造了數百間愛心屋，為救災行動做出具體的行動。

## 緬甸風災

二〇〇八年五月，緬甸伊洛瓦底江三角洲遭受納吉斯風災嚴重侵襲，靈鷲山立即在第一時間投入緊急救援工作，並且成立「靈鷲山緬甸賑災捐款專戶」，率先捐出二十萬美金，心道法師也於五月八日一早親自與中華國際搜救總隊一行人運送救難物資抵達緬甸並展開搜救工作，這是臺灣首支也是國際上少數獲緬甸政府同意進入災區

二〇〇五年一月，跨宗教援助南亞聯合勸募。

二〇〇八年五月緬甸風災，心道法師與中華搜救總隊前往緬甸勘查災情後，於桃園機場針對當地災情商討。

二○○八年五月四川汶川大地震，心道法師
出席「祈福超薦賑災大法會」，為亡者安
靈，為生者安心。

二○一一年三月日本震災，外交部常務次長沈斯淳及NGO委
員會副主委吳榮泉代表外交部感謝靈鷲山與國內民間團體
響應送愛心到日本。

進行救援工作的隊伍。心道法師到緬甸後聽取簡報並指
示GFLP與緬甸國際禪修中心成立「臺灣緬甸颶風賑災中
心」，展開救援活動，並舉辦法會超薦風災罹難者。並且
在全球各地講堂設置「斷食之愛——緬甸賑災捐款箱」，
推動全民減食一餐即可幫助災民。心道法師並於六月下旬
再次前往緬甸，商討災後處理等相關事宜，並擬定以災後
社區重建和心靈重建為主要目標，同時結合靈鷲山緬甸計
畫，協助災民能重建家園恢復生活。

### 四川大地震

同樣是二○○八年五月，中國四川發生芮氏規模7.8強
烈地震，造成數萬人罹難的嚴重災情，心道法師隔日即率
領全山法師共修《佛說阿彌陀經》以迴向罹難者，並且前
往中國大陸瞭解震災災情，並拜會中國佛教協會會長一誠
長老和相關單位研擬救災方案，而GFLP也與佛教和救難團
體合作，除了支援物資外，並開始長期的災後心靈重建工
作，透過贊助消災超度法會等活動，協助災民走出災後創
傷與死亡的陰霾。

泰國水患，靈鷲山志工發送「愛心包」，解決
災民迫切的民生需求。

泰國水患

### 海地大地震

二〇一〇年一月，海地共和國發生兩個世紀以來最嚴
重的芮氏規模7.0地震，心道法師聞訊立即捐出十萬美金，
呼籲四眾弟子斷食一餐捐助災區，動員GFLP與外交部合作
建立「跨界救助模式」，累積善款新臺幣五百五十六萬元
全數捐贈海地，作為執行海地災後重建計畫中的兒童保護
計畫使用。

### 日本大地震

二〇一一年三月，日本發生芮氏規模9.0巨震，引發海
嘯並造成重大災難。心道法師聞訊呼籲全球佛子精進修誦
〈大悲咒〉，並應即刻展開宗教關懷的心靈救援；同時，
靈鷲山也立即募集四貨櫃，包括五千箱的米、多件防寒衣
物及食品罐頭送往災區，充分展現送暖互助的人道精神。

### 泰國水患

二〇一一年十月，泰國遭逢半世紀來最嚴重水患，
二十多個地區積水不退，災民無家可歸。靈鷲山法師志工
不僅親往災區發放物資，並長期與泰國僧王寺聯手投入後
續重建工作。

# 四、兩岸交流

中國大陸與臺灣同文同種、血脈相連,而心道法師自己更是誕生於中緬邊界,因此自然對中國大陸多了一份親切感。再加上心道法師對中華儒釋道文化相當推崇,他認為中華文化有偉大的胸襟,是優良的文化基因,也是靈性的文化,而禪文化更是中華文化中的精粹與特色,是全世界都應該接觸學習的。因此,心道法師除了近年來大力宣揚中國儒釋道文化與提倡中國禪文化外,也積極地推動兩岸交流和大陸弘法。

## 萌芽期(二〇〇〇年以前):朝聖參訪

心道法師與中國大陸結緣甚早,一九八八年九月,心道法師便率徒眾前往中國四大名山道場虔敬朝禮,並發願要將四大名山勝境實現於臺灣無生道場內,讓民眾得以時常親近與仿效四大菩薩悲憫精神,開啟心道法師與中國大陸的弘法交流因緣。

如前文已有提及於一九九一年六月底,心道法師受邀率徒眾赴東北大連科學研究所參訪行程,便是於大陸開示佛法講座之濫觴。期間參觀松花江博物館,見到松花江博物館在資源簡缺的條件下,仍能以克難的方式巧妙地展示松花江生態,這不但打破眾人對博物館的刻板想像,也加強了眾人對世界宗教博物館的籌建信心。隨後心道法師前赴雲南雞足山,朝禮大迦葉尊者聖地。

事實上,靈鷲山佛教教團很早便開始關注中國大陸

的宗教發展與兩岸宗教交流情況，一九九一年靈鷲山國
際佛學研究中心便舉辦過兩屆「兩岸宗教文化交流座談
會」，廣邀國內宗教、人文、社會科學學者針對「兩岸宗
教現況」進行論文發表與評論，參與的學者如鄭志明、李
豐楙、游祥洲、傅佩榮、林美容、冉雲華、鄔昆如、林鎮
國、林保堯等人，皆是一時之選。時值兩岸剛剛開放交流
未久，這兩場研討更顯得靈鷲山關懷時勢與重視兩岸交
流議題的發展。一九九八年十一月，心道法師再次率徒眾
先至浙江寧波訪問阿育王寺與天童寺，之後前往普陀山朝
禮普濟寺、慧濟寺、法雨寺等聖地，一瞻觀音菩薩修行聖
境。最後，再赴上海參訪龍華寺、玉佛寺等名勝。心道法
師和觀音的夙世因緣深厚，開山後更以觀音法門為道場宗
風，此次朝聖別具意義。

一九九八年十一月普陀山朝聖

## 灌溉耕耘期（二〇〇〇年至二〇〇八年）：學術講座、佛法交流與參訪

二〇〇〇年七月，心道法師受邀到河北柏林禪寺為「生活禪夏令營」的學子教授禪法並參與座談，且與淨慧長老互動甚殷，這標誌心道法師的禪法獲得大陸佛門耆老的肯定。

二〇〇二年五月，心道法師領團朝禮北京靈光寺、戒臺寺等佛殿廟宇，同時也拜訪國家宗教局、國臺辦、中國佛教協會進行對話交流。期間，心道法師也受中國佛教協會邀請，參訪北京佛學院並於法源寺發表「新世紀的宗教」演說，勉勵青年學僧以弘揚佛法為己任，並宣揚「愛與和平」及創建世界宗教博物館之理念，引發當地文化界與宗教界熱烈迴響。

二〇〇〇年七月柏林禪寺，心道法師教授禪修。

二○○四年八月，靈鷲山教團與中國社會科學院世界宗教研究所，於北京舉辦「全球化進程中的宗教文化與宗教研究」研討會，會議有來自日本、中國、臺灣的專家學者，針對宗教的全球化、對話、信仰及教育

二○○四年八月在北京中國社會科學院參與研討會

等面向，予以深度的探討；心道法師在開幕發言中，發表「覺醒的力量——華嚴世界觀與全球化展望」，強調以尊重、包容、博愛的共識下，引導世界走向和平。此次研討會不僅深具學術研究價值，更讓兩岸在宗教文化與宗教研究中，找到對話與交流的開放空間。這是靈鷲山首次與中國大陸學術單位舉辦學術活動，開啟靈鷲山進行兩岸學術交流先河。

二○○五年九月，心道法師受邀於北京大學哲學系所發表「從本地風光到華嚴世界—談靈鷲山教團文化理念與國際發展」演說，並且與北京大學簽署一份「宗教對話

二○○五年九月心道法師於北京大學演說

二○○七年十月，心道法師於北京大學光華管理學院
發表名為「寂靜管理：從『心』開始」的演說，該校
師生熱烈參與，座無虛席。

二○○七年十月心道法師與本煥老和尚

講座」備忘錄，確立雙方在「宗教對話」上的合作關係，
期盼以論壇激發智慧來滋養世界，由心靈和平來推動世界
和平。

　　二○○七年十月中，心道法師再度受邀於北京光華管
理學院，以「生命之道——『心』知道」為主題，發表兩
場專題演講鼓勵青年學子，期間適逢心道法師六十大壽，
北京學術界、文化界等友人為其設宴祝壽，場面盛大。之
後心道法師率眾參訪北京廣濟寺並拜會中國佛協會長一誠
長老，並獲長老致贈一幅「佛」字書畫為其賀壽。

　　其後心道法師轉往深圳弘法寺為本煥老和尚一百零
二歲壽誕暖壽，並獲本煥長老受法成為臨濟宗南華堂第
四十五世傳人，號常妙心道，確立了心道法師臨濟宗的法
脈傳承。

　　二○○八年五月，中國四川地震，心道法師次日立即
前赴瞭解災情，並拜會中國佛教協會等相關單位研擬賑災
方案，同時指示教團全力協助救災。

### 全面開展期（二〇〇九年迄今）：會議、講座、弘法、教學、參訪、合作

二〇〇九年三月，心道法師應邀參加「第二屆世界佛教論壇」，分別在江蘇無錫與臺北兩地接續舉行；會中心道法師不僅發表演說，並與來自全球近一千二百餘位高僧大德、專家學者等，進行交流與對談，討論佛教與世界和諧之未來展望。

二〇一〇年三月，心道法師到訪廣東光孝寺、六榕寺等地弘法，與六千多位出家眾、一千座寺院及四所佛學院，分享臺灣佛教界在教育、救災、慈善、文化各方面積極的入世精神，並且推動環保與寧靜的觀念。六月心道法師應邀參與南京佛頂骨重光盛典，與兩岸四地高僧長老齊聚一堂，見證世界現存唯一的佛頂真骨舍利。九月，心道法師受邀赴港參加首屆「中華佛教宗風論壇」，由兩岸四地佛教團體共同舉辦，邀請兩岸及泰國、馬來西亞等國家的佛教界高僧長老、專家學者與會，會議以「百年辛亥、百年佛教、丕振宗風、繼往開來」為主題，心道法師肯定此次的宗風論壇奠定了佛教未來的發展基礎，也是在實修及弘法上重要的學習。

二〇一一年三月，心道法師赴北京弘法，並蒙中國國家宗教局王作安局長設宴款待，會後前往廣濟寺拜訪中國佛教協會會長傳印長老。五月底浙江普陀山第一大寺普濟寺的主尊毗盧觀音聖像，首度重鑄分尊致贈臺灣靈鷲山，由舟山市委書記梁黎明與普陀山方丈道慈長老等四百多名

二〇一一年三月，心道法師親自邀請傳印長老出席宗博館十週年館慶，期待長老再度給予祝福與指導。

二〇一一年五月，心道法師與普濟寺道慈長老共同主持「毗盧觀音福佑臺灣」記者會。

大陸官員、法師及信眾護送來臺，並簽署合作交流同意書，為兩岸觀音道場、文化交流的重要里程碑，也是兩岸交流一大盛事。另外，也是在五月，山東省泰山風景名勝區管理委員會與靈鷲山、世界宗教博物館簽署文化交流合作協議，期望透過民間旅遊與宗教活動結合來發展兩岸交流互動。

八月，應楊釗居士的邀請，首度至江西百丈禪寺舉辦水陸空大法會，心道法師在此禪宗祖庭撫今追昔，除了感受祖師禪風外，也在此對弟子們做了精闢的開示。

二〇一一年八月於江西百丈禪寺啟建水陸空大法會，法會圓滿，眾人合影。

　　九月，心道法師應中國佛教協會之邀，遠赴雲南騰衝參與「忠魂歸國」超薦法會，並再度前往雞足山參訪。心道法師驀然發現雲南在歷代以來三乘法教皆同時弘化，與其一直以來所倡導的三乘合一理念不謀而合，不禁對作為也算是故鄉的雲南有感而發地說：「**在我的內證修行及弘揚佛法的使命上，原來雲南早就在我的生命裡，播下不可分割的種子。**」十月，心道法師再度應廣州六榕寺常住之邀，舉辦為期三天的觀音法門及禪修課程；期間，心道法師講述一路以來對觀音法門的修法過程，更藉由寂靜實修的指導，讓信眾對觀音法門有深入的瞭解與體驗。

　　二〇一一年十一月，由於北京首都博物館和世界宗教博物館簽訂合作協定，因此將其館內珍藏之佛教文物運送來臺，於宗博館內舉辦為期三個月的「智慧華嚴──北京首都博物館佛教文物珍藏展」。而翌年十二月，則改由世界宗教博物館在北京首都博物館推出「世界宗教博物館宗教藝術文化展」，藉由兩館間的合作互展，促進兩岸宗教文化藝術與博物館專業之間的交流。

　　二〇一二年四月，心道法師受邀赴香港參與「第三屆世界佛教論壇──和諧世界·同願同行」，與兩岸四地及全球六十餘國的佛教領袖與學者共同出席盛會。十月初再度應信眾要求前往江蘇無錫傳授禪修課程，分享禪的生活文化；接著，前往上海參與由上海復旦大學、交通大學聯合舉辦的首屆「上海外灘論壇」，以禪的角度與企業主進行座談並傳授大眾禪修的方法。九月，心道法師再次前往雲南參與「中國遠征軍陣亡將士追薦超度大法會」，並前往雲南佛學院演講和教授禪修。十月底，心道法師展開河

二〇一二年十月，上海外灘論壇。　　　　　　　　　　　二〇一二年十月，心道法師於河南佛學院傳授禪法。

南、北京及香港弘法之旅，先應河南佛學院的邀請教授禪修方法；再至北京大學參加由靈鷲山佛教教團以及北京大學哲學系聯合主辦的「儒釋道思想與當代生活的詮釋及實踐」論壇，心道法師進行「全球化時代下的中國禪」演說並帶領「一分禪」，讓大眾體會禪的奧妙；最後，心道法師抵達香港，為「觀音百供法會」主法，並鼓勵大眾學習觀音菩薩的願力，利益眾生。

綜觀而言，心道法師的大陸交流發展，大致可以分成三個時期，從最初的只是單純的宗教交流或是聖地、博物館參訪；延伸到逐漸開始與大陸宗教界、學術文化界產生點狀式的互動，此時期的活動地點也只集中在如北京等少數地方；之後，再拓展到後來全方位的與大陸各界展開多元的、全面性的互動，從國際會議、學術研討、禪法教授、寺廟弘法、法會舉辦等皆有觸及，活動地點也從北京擴散到上海、南京、江蘇、廣東、雲南、河南、江西等地。這除了可以顯示心道法師在中國大陸與兩岸交流的發展與其國際交流發展有著相類似的軌跡，更可以看出心道法師在國際聲望上的提升。

二〇一二年十一月，與北京大學合辦「儒釋道思想與當代生活的詮釋及實踐」論壇。

二○○九年十一月，心道法師與松純法師在法華洞內，松純法師有感：「因為有『心』、有『道』，所以有了這樣一個修行的地方。」

　　當然，在與大陸交流互動的過程中，也有許多大陸宗教或各界人士來到臺灣靈鷲山進行參訪交流，早在一九九四年宗博館籌備初期，便有中國國家承德文物館館長張德勤率眾來訪，並與當時的宗博館籌備處進行交流對談。而又如二○○九年，江蘇常州天寧寺住持松純法師、敦煌研究院院長樊錦詩、福建省佛教教育訪臺交流團等參訪靈鷲山無生道場及世界宗教博物館。二○一一年八月，為祝賀世界宗教博物館創立十週年，中國佛教協會副會長，也是陝西西安大慈恩寺方丈增勤法師特別將珍貴古蹟「秦磚」、「漢瓦」來臺相贈，象徵兩岸交流的美好情誼；二○一一年九月，北京文物局郝東晨局長帶領北京首都博物館參訪團一行，參訪世界宗教博物館進行交流分享。二○一一年十一月世界宗教博物館十週年館慶，中國國宗局副局長張樂斌、北京首都博物館館長郭小凌、中國佛協副會長暨深圳弘法寺方丈印順和尚等人皆來臺參加。這些都是心道法師長年耕耘大陸所累積的豐富人脈資源。

二○一一年八月，西安大慈恩寺增勤法師來訪。此次的參訪代表著靈鷲山與中國大陸佛教界的交流，跨越了新的里程碑。

二○一三年三月，結合行茶與禪修的上海普茶會，為現代人帶來寧靜與茶禪一味。

# 五、協助聖蹟維護與保存工作

　　世界宗教聖蹟的保護工作，一直以來都是心道法師與靈鷲山佛教教團、GFLP的關懷項目之一。一九九六年五月的中東之旅，心道法師一行人就進行了首次「宗教聖地遺蹟考察」。隔年四月，心道法師參加「聖地計畫活動」（The Sacred Land Project）。這場活動開啟了靈鷲山對宗教聖蹟保護更具體與積極的關懷。二〇〇一年三月，巴米揚（Bamiyan）大佛遭阿富汗神學士政府炸毀，是年四月十九日在日本東京的國際記者會上，心道法師及巴瓦・金先生並共同宣布成立「世界神聖遺址保護委員會」，呼籲全球各界共同維護宗教聖蹟。六月中旬，與世界紀念物基金會進行會談，並規劃「維護宗教聖地古蹟委員會」研究案。隨後，心道法師並與哥倫比亞大學宗教與藝術學者等商談合作「世界瀕臨滅絕宗教遺蹟調查計畫」，擬將先後赴巴爾幹半島、非洲、東南亞、中東、南美洲、北美洲等地，實地考察各區域之宗教遺蹟現況，這些都能顯示心道法師對聖蹟維護與保存的重視。

　　二〇〇一年十一月九日，世界宗教博物館正式開館，靈鷲山在臺北圓山飯店舉辦了一場「全球聖蹟維護國際會議」，並在會中發表一份由美國專業學術機構所執行的調查報告，揭示全球正在面臨被毀危機的宗教聖蹟。全球有來自三十多個國家、近兩百位貴賓蒞臨共襄盛舉，顯示國際社會對聖蹟保護議題的關懷與重視。

　　十幾年來，心道法師與靈鷲山教團越來越深刻理解到宗教古蹟與文物維護的重要性，並毅然地肩負起保護宗教

二〇〇一年十一月全球聖蹟維護國際會議

聖蹟的使命。其中，聖蹟修護工作成果最為豐碩的地域就
是緬甸，自二〇〇二年十月起，心道法師與靈鷲山佛教教
團便積極參與緬甸宗教古蹟的修復計畫，並與當地的宗教
園區及教育單位進行合作，同步宣傳並推動著聖蹟維護的
工作，至今在古蹟佛塔維護與古蹟戒臺寺院維護方面，都
有相當令人滿意的成果。

# 伍、現況與未來

## 推動全球寧靜運動

隨著全球經濟與科技的發展，人類物質文明生活不斷提升，過分汲汲營營於效率、速度、利益的追求下，使得人們蒙蔽對自我身心靈的認識，失去對自我精神層面的探索。因此，二〇〇三年起，心道法師舉辦首次的「萬人禪修」活動，號召全球對禪修有興趣的朋友，能夠齊聚一起，共同享受禪修所帶來的平靜喜悅。在舉辦了幾年以後，於二〇〇八年將其正名為「寧靜運動」，並希望將之推廣到世界每個角落而發展為全球寧靜運動。

而為了因應現代人忙碌快速的生活，心道法師也於二〇〇九年發展出「一分禪」作為推動「寧靜運動」的方便法門，透過「深呼吸、合掌、放鬆、寧靜下來、讓心回到原點」等簡單步驟，讓忙碌的現代人能將隨時處於焦躁不安的心靈放鬆下來，用一分鐘來觀照內心，並找回自己的內在平靜。自二〇〇九年起，心道法師在許多重要的國際會議場合也都公開教授和推廣「一分禪」，希望藉此將全球寧靜運動的精神推廣出去，讓人心安定、地球平安。

此外，寧靜運動也結合「愛地球九大生活主張」（寧靜、愛心、對話、素食、環保袋、節能、減碳、節水、綠化），提倡身心靈全面的環保觀念。將禪修與生活環保結合的作法，也顯示出心道法師將對生態環保議題的重視與落實推動。

## 設立國際禪修中心

心道法師一生致力於禪修教育，教導人們藉由身心的全面放鬆、平衡及重新調整，來體驗寧靜、培養慈愛，安頓自己又助益他人。因此，GFLP通過在世界各地設立「國際禪修中心」，將心道法師的禪法修學予以推廣，在世界各地尋找磁場良好、環境清靜而適合靈修的優質場地，作為建立國際性禪修中心的據點，提供給有志於閉關禪修者使用。而更重要的是，希望能將禪修所得的能量：慈愛、悲憫、和平等等，進一步轉化為對國際社會的慈善助益。

目前靈鷲山已設立的國際禪修中心據點，包括：臺灣靈鷲山大禪堂、尼泊爾國際禪修中心、緬甸國際禪修中心，而美國科羅拉多國際禪修中心、加拿大溫哥華國際禪修中心也正在進行規劃中。未來，心道法師將持續全球寧靜行腳，擴建全球國際禪修中心。

## 宗博分館的籌建規劃

早在世界宗教博物館籌建之前，心道法師就預見到二十一世紀的文化，將是一種不分種族、不分國籍，也不侷限於特定宗教傳統的世界性文化。「地球一家」的現象會更趨成熟。為了迎接這種全球化情境的來臨，需要更多的世界宗教博物館被設立於不同的國度，使其能一方面發揮靈性教育與文物展示的功能，將至真、至善、至美的宗教理念，傳播給社會大眾，激發世人的愛心與善念；另一方面則藉以消弭各大宗教之間的歧見、誤解及衝突，建立友誼，發展雙向或多邊的互動及交流，構築出一個嶄新的跨國界關係網絡。

　　宗博館經驗，是心道法師與靈鷲山教團樂意跟地球家每一份子共同分享的經驗。於是，向國際社會提供宗博館的籌備經驗，並協助宗博館分館的構建，也成為GFLP重要的計畫項目之一。二〇〇七年，英國伯明罕大學與當地多位宗教領袖共同提出一份心願，希望在英國境內成立一座符合歐洲人需求的宗教博物館。獲知這個訊息之後，心道法師與「愛與和平地球家」執事人員便積極進行接洽，二〇〇九年七月心道法師應「伯明罕世界宗教博物館籌委會」邀請，擔任博物館籌委會主席，指導宗博館分館於伯明罕的籌備相關事宜。而二〇一一年宗博館十週年館慶時，全球各地的博物館界的專家學者亦齊聚宗博館熱烈探討宗博館的全球複製問題，由此可見國際上對複製宗博館分館的興趣是相當濃厚的。

世界宗教博物館開館十週年，「心和平之夜」慶祝晚會，心道法師與全球
各宗教領袖共同祈祝宗博館生日快樂、地球平安、世界和平。

## 籌辦生命和平大學

二〇〇一年世界首座跨宗教交流平臺落成於臺灣，為全人類打開一扇和平之窗；十年後，心道法師希望創建「生命和平大學」，為全人類建構一個堅固的和平城堡。

「生命和平大學」是心道法師推動和平志業的具體呈現，也是靈鷲山佛教教團繼世界宗教博物館之後，更進一步以「教育」為出發，以「靈性」為依歸，以「愛與和平」作為核心訴求，最終達至「愛與和平，地球一家」的宏大志業。生命和平大學將以「多元」、「對話」、「創意」、「實踐」的學習方式，體現昔日被人稱頌良久的印度那爛陀大學的精神於當代和平志業的推廣上。

人心的不和平，帶來了各項慾望和爭奪，讓人和自我、人和他人、人和自然之間造成各種衝突、對立與傷害，也讓人類面臨生存的危機。心道法師認為，唯有通過靈性教育和和平教育，撼動深藏在人最底層的心，讓心和平，讓生命和平，來逆轉這一切惡性循環的苦果。

心道法師將「生命和平大學」視為繼宗博館之後獻給世人的另一個獻禮。也因此，目前他也將「創建生命和平大學」作為他國際交流的重要目標，希望能結合全球的有志之士的力量，促成此一志業的早日成就。

# 陸、結語

　　心道法師在世界宗教博物館開館十週年館慶時曾經提到，推動全球寧靜運動和創辦生命和平大學是他未來將努力的方向。回顧這二十餘年來的國際交流，心道法師一路走來，不論是推動宗教對話，或是闡述愛與和平理念，或是宣揚全球寧靜運動，心心念念的都是其和平志業的實現，從未改變。而靈鷲山佛教教團、世界宗教博物館和GFLP，都是落實和推動心道法師各項和平志業的最佳幫手。

　　「德不孤，必有鄰」。心道法師在國際上長期的交流耕耘，已經種下了難以計數的和平種子，未來也將持續這個目標與方向邁進，並且號召更多人加入這個志業行列。我們期待未來能夠凝聚更多的善緣與能量，讓愛與和平地球家能夠早日到來，相信這不僅是心道法師的願望，更是全人類的終極願望。

國家圖書館出版品預行編目(CIP)資料

靈鷲山30週年山誌. 國際交流篇 / 靈鷲山教育院彙編
-- 初版.-- 新北市：靈鷲山般若出版, 2013.07
面；　公分
ISBN 978-986-6324-57-4(精裝)
1.靈鷲山佛教教團 2.佛教團體
220.6　　　　　　　　　　　　　　102011355

# 靈鷲山30週年山誌/國際交流篇

開山和尚 / 釋心道

總策劃 / 釋了意

彙編 / 靈鷲山教育院

圖片提供 / 靈鷲山攝影志工

發行人 / 歐陽慕親

出版發行 / 財團法人靈鷲山般若文教基金會附設出版社

地址 / 23444新北市永和區保生路2號21樓

電話 / （02）2232-1008

傳真 / （02）2232-1010

網址 / www.093books.com.tw

讀者信箱 / books@ljm.org.tw

法律顧問 / 永然聯合法律事務所

印刷 / 皇城廣告印刷事業股份有限公司

初版一刷 / 2013年7月

定價 / 新臺幣1800元（一套六冊）

ISBN / 978-986-6324-57-4（精裝）